मन के अल्फ़ाज़

इश्क़ का आइना, मन की ज़ुबान

मनीषा (मन)

BookLeaf Publishing
India | USA | UK

Made with ❤ on the BookLeaf Publishing Platform
www.bookleafpub.in
www.bookleafpub.com

Dedication

इस पुस्तक को मैं समर्पित करती हूँ उस अनकहे प्रेम को, जो दिल में बसा तो सही, मगर लफ़्ज़ों में कभी पूरी तरह उतर नहीं पाया।

उसे, जो ख़ामोशियों में भी सुना गया... और कभी कहा नहीं गया।

और हर उस पाठक को, जिसने कभी सच्चे प्रेम को महसूस किया है – चाहे वह मिला हो या अधूरा रह गया हो।

Preface

"मन के अल्फ़ाज़" मेरी उन भावनाओं का संग्रह है जो वर्षों से मेरे भीतर पल रही थीं – कभी प्रेम में डूबी, कभी विरह में भीगी, और कभी उम्मीद की लौ से रौशन।

हर कविता एक अनुभूति है – कुछ मेरे अपने अनुभवों से, कुछ उन कहानियों से जो मैंने देखीं, सुनीं या महसूस कीं।

प्रेम केवल किसी व्यक्ति तक सीमित नहीं होता – यह एक भाव है, जो जीवन के हर पहलू को छूता है।

इस संग्रह में आपको पहला प्यार, बिछड़ने का दर्द, आत्मा का जुड़ाव, और वो खामोशियाँ मिलेंगी जो अक्सर कह नहीं पाते।

आशा है कि मेरी कलम से निकले ये अल्फ़ाज़ आपके दिल को छू सकें।

मन

Acknowledgements

इस पुस्तक के सफर में सबसे पहले मैं उस ईश्वर का आभार प्रकट करती हूँ, जिसने मुझे महसूस करने और उन भावनाओं को शब्दों में ढालने की समझ दी।

मैं अपने परिवार और उन सभी मित्रों का धन्यवाद करती हूँ जिन्होंने कभी सीधा तो कभी चुपचाप मेरा साथ दिया।

एक विशेष धन्यवाद राखी सूर्यवंशी को, जो भले ही साहित्य की गहराई में न जाती हो, लेकिन उसने हमेशा मुझे लिखते रहने के लिए प्रेरित किया।

उसके सरल शब्द, सच्चे भाव और बिना शर्त विश्वास ने मेरी लेखनी को निरंतर चलते रहने का हौसला दिया।

कभी कहा – "यार आप अच्छा लिखते हो, लिखा करो।"
और बस वही एक बात अक्सर मेरी कलम चलाने के लिए काफी थी।

अंत में, उन सभी अनकहे जज़्बातों का आभार, जो 'मन के अल्फ़ाज़' बनकर पन्नों पर उतर आए।

1. काश की वो

काश की वो..." एक अधूरी मोहब्बत की पुकार है – वो प्रेम जो दिल से तो सच्चा था, पर मुकम्मल नहीं हो सका।
हर पंक्ति एक ऐसे इश्क़ का एहसास कराती है, जो खामोशी में भी सदा के लिए अमर हो गया।
यह कविता उन भावों को आवाज़ देती है, जो कहे नहीं गए... पर कभी भुलाए भी नहीं गए।

काश की वो बेवफा ना होती,
जिस शक्स से तुम्हे मोहब्बत हुई थी।
लम्हा जो कैद है कल्ब में हमारे
जब हमारी पहली मुलाकात हुई थी।

अनजान थे तुम भी,बेखबर कुर्बत के।
जब सिलसिला शुरू हुआ ,मिलन एहसासों के।
ठहरते थे.. और मुस्कुराते थे,
जब निगाहें मिलती मोहब्बत से।
धड़क उठता फिर बेबस सा दिल
दीदार होता जब हीर का रांझे से।
काश की वो बेवफा ना होती,
जिस शख्स से तुम्हे मोहब्बत हुई थी।

हम दूरियां बढ़ाते गए, तुम नजदीकियां बढ़ाते गए।
हमे इश्क का खुमार हुआ,
और तुम रफीक हमको कहते गए।
इश्क में हम डूब गए,
तुम कश्ती लेकर चले गए।
जब पार दरिया करना ना था,
तो साथ लेकर क्यों गए।
काश की वो...............

खामोशियों की जुबां गर समझ जाते दिल से,
इकरार दर्दे इश्क का होता नहीं फिर तुमसे।
मिटाकर.. रिवायतों को आओगे फिर कभी भी,
आज़ाद ना करेंगे फिर हीर की मोहब्बत से।

काश कि वो.........................।

2. एहसास- ए- इश्क़

प्रेम कभी-कभी दस्तक नहीं देता – वो चुपचाप हमारे भीतर जगह बना लेता है।
“एहसास-ए-इश्क़” एक ऐसी ही कविता है, जहाँ प्रेम का पहला झोंका दिल के द्वार पर दस्तक देता है, पर पहचान पाना मुश्किल हो जाता है कि यह चाहत है, आदत है, या इश्क़। यह कविता उस मनःस्थिति की कोमल अभिव्यक्ति है, जब कोई हमारे बहुत पास रहकर भी अनकहा रह जाता है।
धड़कनों की तेज़ी, नज़दीकियों की बेचैनी, और दिल की उलझनों को “मन” की सादगी और मासूमियत से बाँधा गया है।
यह सिर्फ प्रेम की शुरुआत नहीं, बल्कि उस संवेदनशील क्षण की झलक है जब मन पहली बार किसी की ओर खिंचने लगता है, पर खुद को समझा नहीं पाता।

ये कैसी उलझन है, कैसी कश्मकश है मन में,
मौजूद हैं सदियों से, फिर भी नई सी दस्तक है दिल में।
अरसे से मुलाक़ात नहीं हुई थी उनसे,
पर चाहत तो बेइंतहा छुपी थी दिल में।

कल जब दीदार हुआ, कुछ अलग सा एहसास हुआ,
धड़कनों की रवानी बदली – जैसे इश्क़ का आग़ाज़ हुआ।

तुम्हें क्या ख़बर कि क्या किया नज़दीक आकर,
एक लहर सी दौड़ गई दिल के हर एक भाव को छूकर।

बेताबियाँ, बेचैनियाँ सब कहने लगीं कुछ अब,
एहसास-ए-इश्क़ रंग लाने लगी है अब।
चाहत है, मोहब्बत है – क्या है ये कोई तो बताए,
जो हमें है, क्या उन्हें भी है? ये "मन" को वो जताए।

3. याद है वो पल

कभी-कभी एक नज़र... पूरी ज़िंदगी बदल देती है। कोई लफ़्ज़ नहीं, कोई बातचीत नहीं, फिर भी उस एक पल की नमी दिल में आज तक बसी है।

यह कविता उसी पहली खामोश मुलाक़ात की कहानी है – जहाँ एक निगाह ने दिल को इस कदर छुआ कि पूरी ज़िंदगी उसके नाम हो गई। शब्दों से परे, ये इश्क़-ए-हक़ीक़ी की वो अभिव्यक्ति है, जो कहे बिना ही सब कुछ कह देती है। जिसमें मिलन की चाह कम, और भावनाओं की गहराई ज़्यादा होती है।

यह कविता उनके लिए है –जो किसी को बिना कहे अपना सब कुछ मान बैठे,

और आज भी उसी नज़र को याद कर, मुस्कुराते भी हैं... और तन्हा भी हैं।

याद है वो पल आज भी, जब एक खामोश नजर पड़ी थी हम पर।
शायद वो कुछ कह गए ,या हम कुछ सुन गए।।

जिंदगी गुज़र रही है सनम ,बस उस एक मुलाक़ात पर।
ये कैसा रिश्ता जुड़ गया था उस वक्त ,हम सोचते ही रह गए।।

यक़ीनन इश्क़ ए-हक़ीक़ी हो गया उस शक्स से,जिससे गुफ्तगू भी ना कर सके।
वो पल तो ठहर सा गया है कल्ब में,जिसे आज भी भुला ना सके।।

काश की यही हाल उनका भी हो, और हमसे मिलन की आस करे।
इशारा गर एक बार भी कर दें,तो सारी धड़कनें उनके नाम करें।।

4. राह देखते रहे

कभी-कभी कुछ रिश्ते कहे बिना ही बन जाते हैं। बिना कोई वादा, बिना कोई नाम – बस एक एहसास, जो हर शाम दिल के आसपास मंडराता है।

ये कविता उसी एकतरफा और ख़ामोश चाहत की कहानी है, जहाँ बात अधूरी रह गई, लेकिन इंतज़ार अब भी पूरा है। उस एक शाम का वादा, जो कभी निभा नहीं – और उस एक पैग़ाम की तलाश, जो हर दिन उम्मीद जगा देता है।

यह कविता उन सभी दिलों के लिए है, जिन्होंने किसी को चुपचाप चाहा... और सिर्फ़ "एक ख़बर" के सहारे जीते रहे।

बात करेंगे एक शाम, तुम राह देखना।
कहा था किसी ने – फिर हाल पूछना।।
इंतज़ार करते रहे, हम राह तकते रहे,
हवा जो चलती, तो खुशबू तलाशते रहे।।
एक चाहत सी है दिल में, तुम्हें कैसे बताएं,
पसंद करने लगे हैं, हाल तुम्हें कैसे जताएं।।
एक ख़बर तो दे दी होती, तसल्ली हो जाती,
उसी एक पैग़ाम से, हर शाम गुज़र जाती।।

5. ख़यालों में हो...

कभी किसी से मिलने की चाह दिल में इतनी गहरी बैठ जाती है कि हर ख़्याल, हर सवाल, उसी की ओर लौटता है।

यह कविता उस प्रेम की गूंज है, जहाँ एकतरफा नहीं, दोनों तरफ से महसूस होने की उम्मीद है। जहाँ सिर्फ मुलाक़ात नहीं चाहिए – नाम, निशान और इज़हार भी चाहिए। शब्दों में जवाब न मिले, तो सवाल खुद बगावत करने लगते हैं।

यह रचना उन जज़्बातों की सच्चाई है जो अक्सर दिल से निकलकर अधूरी गुफ्तगू में ठहर जाते हैं।

कैसे बताएं तुम्हें कि हर लम्हा ख़यालों में हो,
मेरे ज़ेहन में ऐसे क्यों बसे, यही सवालों में हो।।
गर ये इश्क़ है, तो ये हाल तुम्हारा क्यों नहीं?
तुम्हारे हर लफ़्ज़ में, नाम हमारा क्यों नहीं?
हाँ, करते हैं इंतज़ार तुम्हारे पैग़ाम का,
शाम-ओ-सहर, हर जगह ज़िक्र है हमारे नाम का।।
बना लो ना मरासिम, थी जुस्तजू तुम्हारी,
मुलाक़ात भी हो गई... और गुफ्तगू भी हमारी।।

6. बारिश की बूंदे

जब जीवन थम-सा जाता है, मन चुप हो जाता है, तो अक्सर प्रकृति ही हमें फिर से जीने की वजह देती है। यह कविता “बारिश की बूंदों” को केवल एक मौसम नहीं, बल्कि एक प्रेमी और एक दर्पण की तरह देखती है। हर बूँद मानो कहती है – “तुम भी गिरो, लेकिन बिखरो नहीं। जीवन दो, हरियाली बनो।”

यह कविता आत्म-संवाद और प्रकृति के प्रेम-संदेश का सुंदर संगम है।

आज शाम जब हम बैठे, कुछ सोच रहे थे,
आशा की निगाहों से खिड़की के बाहर झांक रहे थे।।

ख़ामोश थे हम, ठहरे हुए से – पर वो नहीं थे,
उनमें एक अलग-सा ठहराव था, पर खामोश नहीं थे।।

प्रेम था उनमें, संगीत भी – हौले से मिट्टी में समाती,
फूलों, पत्तों, पेड़ों पर हरियाली की चादर बिछाती।।

मानो कह रही हों कि, “ए बेख़बर! क्या देख रहे हो?
टूटकर तो हम गिर रहे हैं, फिर तुम क्यों बिखर रहे हो?”
निकलो बाहर और नृत्य करो बारिश के इस मधुर संगीत में,
महसूस करो ख़ुशी को, भीग जाओ प्रकृति के प्रीत में।।

7. ख़ामोशी में दस्तक

कभी-कभी कोई शख़्स चुपचाप ज़िंदगी में दाख़िल होता है और बिना कुछ कहे बहुत कुछ बदल देता है।
वो कोई नाम नहीं होता – बस एक एहसास होता है, जो टूटे मन को जोड़ता है, और वीरान लम्हों में फूल खिला देता है।
यह कविता उसी अनाम उपस्थिति के लिए है – एक ऐसी अचानक सी दस्तक, जिसने फिर से मुस्कराना सिखा दिया।

अचानक से दस्तक दी किसी ने ज़िंदगी में मेरे,
एकांत, ख़ामोश लम्हों में मुस्कुराहटें हैं बिखेरे।।

कौन हो तुम, क्या वजूद है तुम्हारा – बताते क्यों नहीं?
ज़हे-नसीब! तस्वीर आइने में हमें दिखाते क्यों नहीं?

उलझनें जो थीं हयात में, सुलझाते जा रहे हो,
धूप-छांव का फ़र्क भी हमें समझाते जा रहे हो।।

एहसानमंद हैं आपके – हम फिर मुस्कुरा रहे हैं,
साज़, संगीत, हवाओं को हम फिर गुनगुना रहे हैं।।

8. कश्ती, लहरें और रूह

यह कविता केवल एक प्रेमकथा नहीं, बल्कि प्रतीक्षा और आत्मा के मिलन की प्रतीकात्मक रचना है। एक कश्ती जो किनारे पर है – वह किसी का प्रतीक है जो प्रेम में स्थिर है, मगर भीतर से मझधार को पुकार रहा है। लहरें, हवाएँ, चाँद, तारे – सब मानो गवाह बन जाते हैं उस सदियों पुराने प्रेम के, जिसे कभी इज़हार की ज़रूरत ही नहीं होती।

यह कविता प्रेम के आध्यात्मिक रूप – "इश्क़-ए-हक़ीक़ी" – को छूती है।

एक कश्ती किनारे, एकांत, ख़ामोश सी थी,
गुमसुम किसी के ख़्यालों में, मदहोश सी थी।।
लहरें आतीं, कुछ कहतीं उससे – फिर दौड़कर चली जातीं,
मानो कह रही हों, "हम जानते हैं इसकी प्रेमकहानी भली-भांति!"
इंतज़ार है उसे तो मझधार में लहराने को,
गहराई में जाकर, बिन पतवार इतराने को।।
हवाएँ भी गुनगुना रही हैं, दशा देख मुस्कुरा रही हैं,
हसीन वादियों के ठहाकों से कश्ती फिर शरमा रही है।।
इश्क़-ए-हक़ीक़ी के साक्षी हैं – महताब, तारे, रात के,
सदियों तक रहे ये प्रेम – कहती हैं बूंदें बरसात के।।

9. महवश हो तुम

जब प्रेम में शब्द कम पड़ जाते हैं और सिर्फ़ नज़रों से कहने की चाहत बचती है,
तो दिल ऐसे ही धीमे-धीमे गुनगुनाता है।
यह कविता उसी मासूम इश्क़ का इज़हार है –
जहाँ सामने वाला सब कुछ जानता है, फिर भी एक "जताने" की तड़प रह जाती है।
"महवश हो तुम" – यह कविता उन सभी प्रेमियों के लिए है,
जिनके मुस्कुराने की वजह कोई और नहीं, बस "वो" होते हैं।

एक ख़ूबसूरत शाम की महवश हो तुम,
ख़ुदा से मैंने जो माँगी – वो गुज़ारिश हो तुम।

शाम-ओ-सहर की चाय का नशा हो तुम,
मेरे बेवजह तबस्सुम की वजह हो तुम।

काश! तुम यूँ ही समझ जाओ मेरे दिल को,
बेचैन हैं, बेसब्र भी हैं निगाहें – तुम्हारे दीदार को।

हर वक़्त जिसका ख़्याल है – वो तुम हो,
ए हमदम! कितनी मोहब्बत है, कैसे जताएँ हम तुमको।

10. धड़कनों की धुन

प्रेम में कुछ लम्हे ऐसे होते हैं जो उम्र भर की याद बन जाते हैं। यह कविता उस पहली मुलाक़ात की है –जहाँ बोल कम हुए थे, लेकिन दिल की आवाज़ें तेज़ थीं। कभी एक नज़र, कभी एक हल्की आहट – और उसी में सारा संसार बस गया था। यह रचना उन सभी के लिए है जिन्होंने अपने पहले मिलन में सारा जीवन देख लिया था।

पहली मुलाक़ात याद है तुम्हें?

एक नज़र में, दोपहर में – कुछ बात हुई थी,
कल फिर मिलेंगे, इसी चाह में हमारी रात हुई थी।

रंग से भरा, संगीतमय – कानों में कोई आहट हुई थी,
एक मधुर-सा संगीत... मानो प्रेम की बरसात हुई थी।

कुछ तो था – उस वक़्त सब थम-सा गया था,
धुन-सी छिड़ी थी, धड़कनों का तेज़ यूँ बढ़-सा गया था।

रंगरेज़ मिल गया था, मेरा हबीब मिल गया था –
उस दिन हक़ीक़त में मुझे मेरा हमनशीं मिल गया था।

11. इकतरफ़ा मोहब्बत

इकतरफ़ा मोहब्बत भी मोहब्बत होती है –जिसमें इज़हार नहीं होता, मगर एहसास बहुत गहरे होते हैं। यह कविता उस प्रेमी की कहानी है जो सिर्फ़ देखकर जीता है, नज़रों में डूबकर अपना दिल भरता है,और हर दूर जाने वाले इशारे में भी कोई क़रीब आने की वजह ढूंढता है।

ये जो धुन है, जो तुम्हारे क़दमों से आती है,
दिल की धड़कनें बेवजह बढ़ा जाती है।

जब नज़र उठती है – और ज़ुल्फ़ें लहराती हैं,
उलझे दिल की आरज़ू बनकर पास चली आती हैं।

हाँ, करते हैं मोहब्बत उनसे – इकतरफ़ा सही,
मगर उनकी आँखों में डूबना जैसे कोई आदत-सी बनी।

वो नज़रें चुराते हैं, दूर जाने के बहाने बनाते हैं –
और हम? हम तो बेशर्म हैं...
क़रीब जाने के नए इरादे हर रोज़ सजाते हैं।

12. जी करता है

प्रेम जब इतना गहरा और निःस्वार्थ हो जाए कि सामने वाला नज़रअंदाज़ भी करे, फिर भी चाह बनी रहे –तो वो इश्क़ इश्क़-ए-हक़ीक़ी बन जाता है।
यह कविता उस प्रेमी की है जो उसकी हर बात में सौंदर्य, और हर दर्द में अपनापन महसूस करता है।वो बस उसकी मौजूदगी में खुद को खो देना चाहता है – पूरी तरह, पूरी रूह से।

उसकी आँखों की गहराई में डूब जाने को जी करता है,
प्रेम के आँसुओं में बह जाने को जी करता है।
उसकी घनी पलकों की छाँव में बस जाने को जी करता है,
कुछ छिपा है उसने इन वादियों में –
उस छिपे दर्द को जड़ से मिटाने को जी करता है।
वो नज़रअंदाज़ करे, दरकिनार भी कर दे,
फिर भी पाक दिल मेरा – उसी पर मर मिटने को जी करता है।
उसकी ज़ुल्फ़ें जब इठलाती हुई चेहरे पर आती हैं,
गालों को छूते हुए लबों तक मुस्कुरा जाती हैं।
ग़ुस्ताख़ ज़ुल्फ़ों की शरारत देखकर चाँद भी रूठ गया,
और मेरा... मेरा तो बस उन में ही संवर जाने को जी करता है।

13. तेरे हिस्से में मैं नहीं

कभी-कभी इश्क़ पूरा होकर भी अधूरा होता है। यह कविता उसी प्रेम की है – जो कभी नाम नहीं ले पाया, लेकिन हर लम्हा, हर सांस, हर सोच में ज़िंदा रहा।

यह स्वीकार करती है कि कुछ लोग हमारे नहीं होते, लेकिन फिर भी हमारे दिल के हर हिस्से में बस जाते हैं।

मेरे हिस्से में तू नहीं है – ये जानती हूँ मैं,
फिर भी अपने हर हिस्से में तुझे मानती हूँ मैं।

किए थे कई वादे, साथ निभाने के,
अब निभा नहीं पाओगे – ये भी मानती हूँ मैं।

वो वक़्त भी था, जब हम हाथों में हाथ डाले रहते थे,
ख़ामोश रहकर भी बहुत कुछ कह जाते थे,
और बातों-बातों में बहुत दूर निकल जाते थे।

कैसे कहूँ कि तू आदत बन गया है मेरी,
और ईश्वर से की गई कोई सच्ची इबादत है मेरी।

अब तो तन्हा लम्हा ही साथी है मेरा,
प्रेम का रंग... हर रोज़ बिखरता है मेरा।

एक वक़्त था जब जी भर के देख लेते थे तुझे,
सुकून पा लेते थे – जब कसकर गले लगा लेते तुझे।

अब तो नज़र चुरा कर देखने की गुस्ताख़ी करते हैं,
और हल्के से हाथ पकड़ – फिर मुट्ठी ढीली कर देते हैं।

ख़ौफ़ बस यही है – तुझे खो देने का,
जिसे कभी पाया ही नहीं, उसके लिए रो देने का।

अब तेरे हिस्से में मैं नहीं हूँ – ये जानती हूँ मैं,
पर तेरे क़िस्से के किरदार के रूप में पहचानती हूँ मैं।

14. हाँ माना मैंने

यह कविता प्रेम को केवल भावनात्मक नहीं, साहित्यिक और आध्यात्मिक आराधना में बदल देती है। जब प्रेम सिर्फ़ महसूस नहीं होता, बल्कि लिखा, पढ़ा, पूजा जाता है –

तो वह प्रेम, एक जीवनभर की कविता बन जाता है। यह रचना उसी कविता की एक झलक है – जिसमें नायक नहीं, "प्रेम स्वयं नायक है"।

हाँ, माना मैंने कि नज़र चुरा कर देखते हैं तुम्हें,
कोई पढ़ न पाए – इस तरह से लिखते हैं तुम्हें।

यक़ीनन फ़ुर्सत से कारीग़री की है ऊपर वाले ने,
नक़्क़ाशी की है, फिर प्रेम से रंग भरा है बनाने वाले ने।

क्या ख़ूब लिखा है, क्या ख़ूब संवारा है –
प्रेम की मूरत में, हर परिभाषा को उकेरा है।

हाँ, माना मैंने कि सहेजकर रखना चाहते हैं तुम्हें,
सदियों तक प्रेम के मंदिर में पूजना चाहते हैं तुम्हें।

मेरी ज़िंदगी की किताब में लिख तो दिया तुम्हें,
हर पन्ने की पंक्ति में, हर रंग की स्याही में।

शब्द के शब्दार्थ में, रस, छंद और अलंकार में,
आरंभ से अंत तक प्रेम की गाथा में –
अलंकार बनाकर रच दिया है तुम्हें।

15. तुम हर जगह हो

प्रेम जब केवल भाव नहीं, बल्कि हर सांस, हर मौसम, हर कण में समाया हुआ अनुभव बन जाए – तो वह प्रेम किसी इंसान के लिए नहीं रह जाता, बल्कि एक ईश्वरीय अनुभूति बन जाता है।

यह कविता उसी दिव्य प्रेम की अभिव्यक्ति है – जहाँ प्रेमी की मौजूदगी हर ज़र्रे में महसूस होती है,और फिर भी उसका नाम बेनाम रह जाता है। शब्दों में सच्चाई, प्रकृति में प्रतीक, और आत्मा में समर्पण – यही है इस कविता की आत्मा।

प्रेम आता है तो तुम्हें लिखती हूँ,
ख़याल आता है तो तुम्हें ही सोचती हूँ।
मोहब्बत लिखूँ या इश्क़ कहूँ तुम्हें,
तुमसे ही तुम्हें माँगूं, या ख़ुदा से चाहूं तुम्हें।

दिल में बसाने की गुज़ारिश करती हूँ,
मेरे रब से मोहब्बत पाने की सिफ़ारिश करती हूँ।
अब तो हदें पार हो चुकी हैं तुम्हारी मौजूदगी की –
हर ज़र्रे में गवाही है इश्क़-ए-हक़ीक़ी की।

प्रकृति के हर बदलते रंग में तुम समाए हो –

बारिश की बूँदों में, शीत की शीतलता में,
गर्मियों में खिलते गुलमोहर और अमलतास में,
पतझड़ के रंग बदलते पत्तों में तुम मुस्काए हो।

बेनाम है ये रिश्ता – जिसे तुमने कभी नाम न दिया,
पर मैं हर एहसास में तुम्हारा नाम जिया।
कर लो तमाम कोशिशें मुझे खुद से दूर करने की,
मगर ये दिल तो फ़ना है –
अब डर नहीं है किसी टूटने या खोने का भी।

16. अब सँवरना नहीं चाहती

कभी-कभी प्रेम की परिभाषा सिर्फ़ पाने या निभाने तक सीमित नहीं होती –
बल्कि वो धीरे-धीरे एक मौन स्वीकार में ढल जाती है।
यह कविता एक ऐसी आत्मा की आवाज़ है, जो टूट चुकी है... पर टूटी हुई ही अपनी पहचान स्वीकार चुकी है। "अब सँवरना नहीं चाहती" केवल बिखराव का बयान नहीं है,बल्कि यह एक गहरी भावनात्मक परिपक्वता है –जहाँ स्त्री (या कवि) किसी रिश्ते को सँवारने की कोशिश नहीं करती, बल्कि उसे जैसा है, वैसा रहने देती है। ये प्रेम की वो अवस्था है, जहाँ न शोर है, न शिकायत –बस मौन है, इंतज़ार है, और उस याद की ख़ुशबू से भरा एक कमरा।

इस बार मैं कुछ सम्भालना नहीं चाहती,
जो बिखर गया है – उसे समेटना नहीं चाहती।
ख़ामोश रहूँगी... बस इंतज़ार करूँगी,
दिल की दीवार पर टंगी तस्वीर को,
हर रोज़ निहार कर, बस दीदार करूँगी।
उसकी ख़ुशबू अब भी कमरे में बसी है,
कुछ न कहूँगी – बस चुपचाप महसूस करूँगी।
इस बार मैं कुछ सम्भालना नहीं चाहती,
बिखर चुकी हूँ... अब सँवरना नहीं चाहती।

17. तुम मेरी मोहब्बत हो

प्रेम जब पहली बार दिल को छूता है, तो शब्दों में उसकी मासूमियत, समर्पण और चाहत उतर आती है।

“तुम मेरी मोहब्बत हो” उस पहले एहसास की सच्चाई है, जो बिना किसी दिखावे के बस महसूस किया जाता है। यह कविता एक ऐसी आत्मा की पुकार है जो प्रेम को केवल पाना नहीं, जीना चाहती है।

नसीब खुशनुमा है, तुम्हें पाया है जहान से,
हर लम्स जन्नतें हैं, तुम्हें चाहा दिलों-जान से।
बेवजह मुस्कुराती हूँ तुम्हें सोचकर, ओ हमदम,
कमसिन रहती ये उदासी यूँ ही तुम्हारे नाम से।

बेशुमार ये लम्हें, हर पल तुम्हारे साथ के,
अधूरी हैं साँसें मेरी बिन तुम्हारे साँस के।
ज़िन्दगी है मेरी हम दोनों के हिसार में,
तमन्नाएँ हैं मेरी बस तुम्हारे पास के।

प्रीति की किरण हूँ, इक राह चाहती हूँ,
मेरे इश्क़ के साथ ही मैं वास चाहती हूँ।
कर दे मुराद पूरी, ए मेरे हमनशीं,
हर एक पल ज़िन्दगी के मैं साथ चाहती हूँ।

रहगुज़र तुम, तुम ही मेरे हमदम हो,
ए मेरे हमराही, तुम मेरी अमानत हो।
मुस्कान हो तुम्हारी, ए अश्क़ हो हमारे,
हर दर्द, हर सज़ा हो मेरे हिस्से में सारे।

अल्फ़ाज़ हैं ये मेरे – कि तुम मेरी मोहब्बत हो।

18. नया सवेरा

“नया सवेरा” केवल एक कविता नहीं, बल्कि एक भावनात्मक पुनर्जन्म है – जहाँ प्रकृति की प्रत्येक छवि, हर कोमल हवा की सरसराहट, और फूल की मुस्कान एक नए जीवन, एक नई शुरुआत का प्रतीक बन जाती है। यह कविता उस पल को समर्पित है, जब भीतर का अंधेरा धीमे-धीमे उजाले में बदलने लगता है।

जब जीवन में थकान, अकेलापन या बिखराव छाने लगता है, तब कभी-कभी एक छोटी-सी किरण, एक मुस्कुराता फूल, या आँगन में गूँजती चिड़ियों की चहचहाहट हमें फिर से जीने की वजह दे देती है। “नया सवेरा” उसी क्षण की कवितात्मक अभिव्यक्ति है – आशा की, सौंदर्य की और आत्मिक उन्नयन की।

मेरे बगीचे में फिर एक फूल खिला है,
शायद जीवन के सफ़र में नया सवेरा हुआ है।

पत्तियाँ देखों कितनी मुस्कुरा रहीं हैं,
शायद पंखुड़ियों को देखकर लज़ा रहीं हैं।

आज तो हवाएँ भी यहीं लहरा रहीं है,

नए आग़ाज़ के स्वागत में बूँद बरसा रहीं है।

मदहोश हो रहीं हैं, गुनगुना रहीं है,
आज तो पंछी मेरे आँगन में इतरा रही हैं।

बाग में खिले नए फूल के महक से,
हवाएँ झाँक रहीं हैं खिड़की के बाहर से।

ख़ुशबू बिखर रही है, हर कोने में समा रही है,
आज इक खूबसूरत उम्मीद का सवेरा हुआ है।

19. ग़म का आशियाना

कुछ एहसास ऐसे होते हैं, जिन्हें मैं शब्दों में नहीं बाँधना चाहती थी...
पर शायद, वही एहसास सबसे ज़्यादा लिखे जाने के क़ाबिल थे।
"ग़म का आशियाना" उस एक शाम की पैदाइश है,
जब सब कुछ पास होते हुए भी बहुत कुछ दूर था।

आईना रोज़ देखा करती थी ,पर उस दिन, आईने ने मुझे देखा...
और टूट गया। मैंने उस टूटे आईने में अपने ही टूटे टुकड़े देखे।
इस कविता में कोई नाटक नहीं है, ना कोई बनावट।
बस मैं हूँ... मेरी तन्हाई है... और एक खामोश फूल है,
जो बेवजह मुस्कुरा रहा है।

मैं जानती हूँ, ये कविता हर उस दिल से बात करेगी , जो टूटा तो है,
पर अब भी मुस्कुराना जानता है। क्योंकि ग़म से बना ये आशियाना,
अब मेरा घर है... और शायद आपका भी।

एक ज़िन्दगी मिली है, बस ग़म का आशियाना है,
हर साँस के साथ जैसे तूफ़ान का फ़साना है।

पतझड़ की बहार है और आँसुओं की बरसात,
चिड़ियों की चहचहाहट में भी दर्द की पुकार है।

बस राह तकते हैं, दिन-रात जागते हैं,
हम आईने के सामने खुद को रोज़ सँवारते हैं।

कैसे बयान करूँ मैं अपनी बदनसीबी,
मैं रोज़ देखती हूँ उस आईने को, वो रोज़ टूट जाता है।

समझ नहीं आता – ये तेज़ है या कोई ग़म,
चेहरा नहीं खिलता, ना ही शीशे जुड़ पाते हैं।

नसीब है शायद, जो ग़म का साया है,
तन्हाइयाँ भी अब आकर जीवन को सँवारती हैं।

उस फूल को तो देखो, कैसे इतरा रही है,
बेवजह ही मुस्कुराकर मुझको सता रही है।

अंजान है हकीकत से – न कोई आशिक़, न दीवाना,
तन्हा है ये बाग़वान... फिर भी मुस्कुरा रही है।

20. मत खेल प्रिये

मत खेल प्रिये” एक रागात्मक समर्पण है, जहाँ प्रेमिका का मन, देह और आत्मा पूर्ण रूप से अपने प्रिय को समर्पित है। यह कविता केवल प्रेम की बात नहीं करती – यह प्रेम में स्वयं को खो देने, रंग बनकर प्रियतम में समा जाने की आकांक्षा की कहानी है। यहाँ “रंग” केवल होली का या सौंदर्य का प्रतीक नहीं, बल्कि उस अमिट प्रेम का रूपक है, जो ना धोया जा सकता है, ना भुलाया। प्रेमिका की यह पुकार – “मत खेल प्रिये, बस रंग दे मुझे” – एक भीगी हुई याचना है, जहाँ वह चाहती है कि प्रिय केवल रंग न लगाए, बल्कि उसे अपने प्रेम में, अपने एहसास में रँग दे।

(एक प्रेम रंग में भीगा समर्पण)

हे प्रियतम, मत खेल तू मेरे दिल से
ना छेड़ ये रंग, मोहे देख प्रिये तू मन से
ज़ुल्फें सँवार बिखरे हैं जो तन पर,
कहर ला रही हैं लटें तेरे लबों पर

ये रंग है प्रेम के – जो मिटे ना धुले से
रंग दे मुझे भी, गर जाऊँ तेरे छुँवन से
मत खेल प्रिये, बस रंग दे मुझे, मत छोड़ प्रिये

नैनों में काजल, होठों में लाली बना दे प्रिये
मत खेल प्रिये, मोहे देख प्रिये
बिखर जाऊँ रंग बनकर तेरे अधरों पे प्रिये...

21. वो चुप्पी कुछ कहती है

कभी-कभी ज़िंदगी की कुछ ख़ामोश मुलाक़ातें ही हमारे अंदर तूफ़ान छोड़ जाती हैं। यह कविता उन लम्हों की साक्षी है, जब रिश्तों के टूटने से ज़्यादा, ख़ुद से जुदा होने का एहसास तकलीफ़ देता है। यहाँ सिर्फ़ प्रेम नहीं, बल्कि उसकी अनुपस्थिति से उपजा अधूरापन, संकोच और शिकायत दर्ज है – वक़्त से, नसीब से, और शायद खुद से भी। यह रचना एक अंतर्द्वंद्व की आवाज़ है, जिसे शब्दों में कह पाना ही सबसे बड़ी हिम्मत है।

आज अपनी नसीब पर ख़फ़ा होने का वक़्त आया,
ख़ुदा से जाकर शिकायत करने का वक़्त आया।
क्या ग़लत कहा था दोस्तों ने मेरे,
कि अब आपसे मिलन होने का वक़्त आया।

उस दिन बातचीत की ख़ामोशी से लगने लगा था,
मानो अश्क़ों का नज़रों से अदा होने का वक़्त आया।

अब तो हमें हर कोई पराया नज़र आता है,
ज़िंदगी में यूँ तन्हा होने का वक़्त आया।
ख़ुदा जाने ये कौन सी तकल्लुफ़ है हमारे सामने,
मानो अपने आप से जुदा होने का वक़्त आया।